REGISTRE DES MOUVEMENTS DE TITRES

AVEC FICHES DE COMPTE D'ACTIONNAIRE

Nom de l'établissement

Raison Sociale

Numéro de SIRET / SIREN

Adresse de l'établissement

Couriel:

Numéro de Téléphone

Date d'ouverture du registre

/ /

Registre côté et paraphé

le / /

Date de clôture du registre

/ /

à

Signature

Cachet

W0303180

Conforme aux obligations légales des **SA** et **SAS**

Le registre doit être coté et paraphé auprès du greffe du tribunal de commerce auprès duquel la société a été immatriculée.

REGISTROMÉDIA ÉDITIONS

110 FICHES DE MOUVEMENT DE TITRE

20 FICHES DE COMPTE D'ACTIONNAIRE

INDEX

La tenue d'un registre des mouvements de titres est indispensable pour l'accomplissement des transferts de titres de la société

Conformément à l'article L.228-1 du Code de Commerce, le transfert de titres au sein d'une SAS n'est valablement réalisé que par son inscription dans un registre. Par conséquent, si vous envisagez de céder des titres dans une SAS, la cession doit être retranscrite dans le registre des mouvements de titres pour qu'elle soit valable.

Le registre doit être coté et paraphé auprès du greffe du tribunal de commerce auprès duquel la société a été immatriculée.

REGISTROMÉDIA ÉDITIONS

CÉDANTS DES TITRES			TITRES	
Date de l'opération	Numéro d'ordre Numéro de compte	Nom - Prénoms (ou dénomination sociale, numéro d'identification et siège pour les personnes morales)	NOMBRE DE TITRES	NATURE DU MOUVEMENT (Préciser la date de l'AG)

BÉNÉFICIAIRES DES TITRES		CONTRÔLE DU CAPITAL			
		Nombre de Titres (depuis la dernière mise à jour)			Comptes Individuels (mise à jour)
Numéro de compte	Nom - Prénoms (ou dénomination sociale, numéro d'identification et siège pour les personnes morales)	Inscrits	Radiés	Nouveau Solde	Émargement
					Date Signature
					Date Signature
					Date Signature
					Date Signature
					Date Signature
					Date Signature
					Date Signature
					Date Signature

CÉDANTS DES TITRES			TITRES	
Date de l'opération	Numéro d'ordre / Numéro de compte	Nom - Prénoms (ou dénomination sociale, numéro d'identification et siège pour les personnes morales)	NOMBRE DE TITRES	NATURE DU MOUVEMENT (Préciser la date de l'AG)

BÉNÉFICIAIRES DES TITRES		CONTRÔLE DU CAPITAL			
Numéro de compte	Nom - Prénoms (ou dénomination sociale, numéro d'identification et siège pour les personnes morales)	Nombre de Titres (depuis la dernière mise à jour)			Comptes Individuels (mise à jour)
		Inscrits	Radiés	Nouveau Solde	Émargement
					Date Signature
					Date Signature
					Date Signature
					Date Signature
					Date Signature
					Date Signature
					Date Signature
					Date Signature

CÉDANTS DES TITRES			TITRES	
Date de l'opération	Numéro d'ordre / Numéro de compte	Nom - Prénoms (ou dénomination sociale, numéro d'identification et siège pour les personnes morales)	NOMBRE DE TITRES	NATURE DU MOUVEMENT (Préciser la date de l'AG)

BÉNÉFICIAIRES DES TITRES		CONTRÔLE DU CAPITAL			
		Nombre de Titres (depuis la dernière mise à jour)			Comptes Individuels (mise à jour)
Numéro de compte	Nom - Prénoms (ou dénomination sociale, numéro d'identification et siège pour les personnes morales)	Inscrits	Radiés	Nouveau Solde	Émargement
					Date Signature
					Date Signature
					Date Signature
					Date Signature
					Date Signature
					Date Signature
					Date Signature
					Date Signature

CÉDANTS DES TITRES			TITRES	
Date de l'opération	Numéro d'ordre / Numéro de compte	Nom - Prénoms (ou dénomination sociale, numéro d'identification et siège pour les personnes morales)	NOMBRE DE TITRES	NATURE DU MOUVEMENT (Préciser la date de l'AG)

BÉNÉFICIAIRES DES TITRES		CONTRÔLE DU CAPITAL			
Numéro de compte	Nom - Prénoms (ou dénomination sociale, numéro d'identification et siège pour les personnes morales)	Nombre de Titres (depuis la dernière mise à jour)			Comptes Individuels (mise à jour)
		Inscrits	Radiés	Nouveau Solde	Émargement
					Date Signature
					Date Signature
					Date Signature
					Date Signature
					Date Signature
					Date Signature
					Date Signature
					Date Signature

CÉDANTS DES TITRES			TITRES	
Date de l'opération	Numéro d'ordre Numéro de compte	Nom - Prénoms (ou dénomination sociale, numéro d'identification et siège pour les personnes morales)	NOMBRE DE TITRES	NATURE DU MOUVEMENT (Préciser la date de l'AG)

BÉNÉFICIAIRES DES TITRES		CONTRÔLE DU CAPITAL			
Numéro de compte	Nom - Prénoms (ou dénomination sociale, numéro d'identification et siège pour les personnes morales)	Nombre de Titres (depuis la dernière mise à jour)			Comptes Individuels (mise à jour)
		Inscrits	Radiés	Nouveau Solde	Émargement
					Date Signature
					Date Signature
					Date Signature
					Date Signature
					Date Signature
					Date Signature
					Date Signature
					Date Signature

CÉDANTS DES TITRES			TITRES	
Date de l'opération	Numéro d'ordre / Numéro de compte	Nom - Prénoms (ou dénomination sociale, numéro d'identification et siège pour les personnes morales)	NOMBRE DE TITRES	NATURE DU MOUVEMENT (Préciser la date de l'AG)

BÉNÉFICIAIRES DES TITRES		CONTRÔLE DU CAPITAL			
Numéro de compte	Nom - Prénoms (ou dénomination sociale, numéro d'identification et siège pour les personnes morales)	Nombre de Titres (depuis la dernière mise à jour)			Comptes Individuels (mise à jour)
		Inscrits	Radiés	Nouveau Solde	Émargement
					Date Signature
					Date Signature
					Date Signature
					Date Signature
					Date Signature
					Date Signature
					Date Signature
					Date Signature

CÉDANTS DES TITRES			TITRES	
Date de l'opération	Numéro d'ordre Numéro de compte	Nom - Prénoms (ou dénomination sociale, numéro d'identification et siège pour les personnes morales)	NOMBRE DE TITRES	NATURE DU MOUVEMENT (Préciser la date de l'AG)

BÉNÉFICIAIRES DES TITRES		CONTRÔLE DU CAPITAL			
Numéro de compte	Nom - Prénoms (ou dénomination sociale, numéro d'identification et siège pour les personnes morales)	Nombre de Titres (depuis la dernière mise à jour)			Comptes Individuels (mise à jour)
		Inscrits	Radiés	Nouveau Solde	Émargement
					Date Signature
					Date Signature
					Date Signature
					Date Signature
					Date Signature
					Date Signature
					Date Signature
					Date Signature

CÉDANTS DES TITRES			TITRES	
Date de l'opération	Numéro d'ordre Numéro de compte	Nom - Prénoms (ou dénomination sociale, numéro d'identification et siège pour les personnes morales)	NOMBRE DE TITRES	NATURE DU MOUVEMENT (Préciser la date de l'AG)

BÉNÉFICIAIRES DES TITRES		CONTRÔLE DU CAPITAL			
Numéro de compte	Nom - Prénoms (ou dénomination sociale, numéro d'identification et siège pour les personnes morales)	Nombre de Titres (depuis la dernière mise à jour)			Comptes Individuels (mise à jour)
		Inscrits	Radiés	Nouveau Solde	Émargement
					Date Signature
					Date Signature
					Date Signature
					Date Signature
					Date Signature
					Date Signature
					Date Signature
					Date Signature

CÉDANTS DES TITRES			TITRES	
Date de l'opération	Numéro d'ordre Numéro de compte	Nom - Prénoms (ou dénomination sociale, numéro d'identification et siège pour les personnes morales)	NOMBRE DE TITRES	NATURE DU MOUVEMENT (Préciser la date de l'AG)

BÉNÉFICIAIRES DES TITRES		CONTRÔLE DU CAPITAL			
Numéro de compte	Nom - Prénoms (ou dénomination sociale, numéro d'identification et siège pour les personnes morales)	Nombre de Titres (depuis la dernière mise à jour)			Comptes Individuels (mise à jour)
		Inscrits	Radiés	Nouveau Solde	Émargement
					Date Signature
					Date Signature
					Date Signature
					Date Signature
					Date Signature
					Date Signature
					Date Signature
					Date Signature

CÉDANTS DES TITRES			TITRES	
Date de l'opération	Numéro d'ordre Numéro de compte	Nom - Prénoms (ou dénomination sociale, numéro d'identification et siège pour les personnes morales)	NOMBRE DE TITRES	NATURE DU MOUVEMENT (Préciser la date de l'AG)

BÉNÉFICIAIRES DES TITRES		CONTRÔLE DU CAPITAL			
		Nombre de Titres (depuis la dernière mise à jour)			Comptes Individuels (mise à jour)
Numéro de compte	Nom - Prénoms (ou dénomination sociale, numéro d'identification et siège pour les personnes morales)	Inscrits	Radiés	Nouveau Solde	Émargement
					Date Signature
					Date Signature
					Date Signature
					Date Signature
					Date Signature
					Date Signature
					Date Signature
					Date Signature

CÉDANTS DES TITRES			TITRES	
Date de l'opération	Numéro d'ordre Numéro de compte	Nom - Prénoms (ou dénomination sociale, numéro d'identification et siège pour les personnes morales)	NOMBRE DE TITRES	NATURE DU MOUVEMENT (Préciser la date de l'AG)

BÉNÉFICIAIRES DES TITRES		CONTRÔLE DU CAPITAL			
		Nombre de Titres (depuis la dernière mise à jour)			Comptes Individuels (mise à jour)
Numéro de compte	Nom - Prénoms (ou dénomination sociale, numéro d'identification et siège pour les personnes morales)	Inscrits	Radiés	Nouveau Solde	Émargement
					Date Signature
					Date Signature
					Date Signature
					Date Signature
					Date Signature
					Date Signature
					Date Signature
					Date Signature

CÉDANTS DES TITRES			TITRES	
Date de l'opération	Numéro d'ordre / Numéro de compte	Nom - Prénoms (ou dénomination sociale, numéro d'identification et siège pour les personnes morales)	NOMBRE DE TITRES	NATURE DU MOUVEMENT (Préciser la date de l'AG)

BÉNÉFICIAIRES DES TITRES		CONTRÔLE DU CAPITAL			
Numéro de compte		Nombre de Titres (depuis la dernière mise à jour)			Comptes Individuels (mise à jour)
		Inscrits	Radiés	Nouveau Solde	Émargement
					Date Signature
					Date Signature
					Date Signature
					Date Signature
					Date Signature
					Date Signature
					Date Signature

CÉDANTS DES TITRES			TITRES	
Date de l'opération	Numéro d'ordre / Numéro de compte	Nom - Prénoms (ou dénomination sociale, numéro d'identification et siège pour les personnes morales)	NOMBRE DE TITRES	NATURE DU MOUVEMENT (Préciser la date de l'AG)

BÉNÉFICIAIRES DES TITRES		CONTRÔLE DU CAPITAL			
		Nombre de Titres (depuis la dernière mise à jour)			Comptes Individuels (mise à jour)
Numéro de compte	Nom - Prénoms (ou dénomination sociale, numéro d'identification et siège pour les personnes morales)	Inscrits	Radiés	Nouveau Solde	Émargement
					Date Signature
					Date Signature
					Date Signature
					Date Signature
					Date Signature
					Date Signature
					Date Signature
					Date Signature

CÉDANTS DES TITRES			TITRES	
Date de l'opération	Numéro d'ordre / Numéro de compte	Nom - Prénoms (ou dénomination sociale, numéro d'identification et siège pour les personnes morales)	NOMBRE DE TITRES	NATURE DU MOUVEMENT (Préciser la date de l'AG)

BÉNÉFICIAIRES DES TITRES		CONTRÔLE DU CAPITAL			
Numéro de compte	Nom - Prénoms (ou dénomination sociale, numéro d'identification et siège pour les personnes morales)	Nombre de Titres (depuis la dernière mise à jour)			Comptes Individuels (mise à jour)
		Inscrits	Radiés	Nouveau Solde	Émargement
					Date Signature
					Date Signature
					Date Signature
					Date Signature
					Date Signature
					Date Signature
					Date Signature
					Date Signature

CÉDANTS DES TITRES			TITRES	
Date de l'opération	Numéro d'ordre Numéro de compte	Nom - Prénoms (ou dénomination sociale, numéro d'identification et siège pour les personnes morales)	NOMBRE DE TITRES	NATURE DU MOUVEMENT (Préciser la date de l'AG)

BÉNÉFICIAIRES DES TITRES		CONTRÔLE DU CAPITAL			
Numéro de compte	Nom - Prénoms (ou dénomination sociale, numéro d'identification et siège pour les personnes morales)	Nombre de Titres (depuis la dernière mise à jour)			Comptes Individuels (mise à jour)
		Inscrits	Radiés	Nouveau Solde	Émargement
					Date Signature
					Date Signature
					Date Signature
					Date Signature
					Date Signature
					Date Signature
					Date Signature
					Date Signature

CÉDANTS DES TITRES			TITRES	
Date de l'opération	Numéro d'ordre Numéro de compte	Nom - Prénoms (ou dénomination sociale, numéro d'identification et siège pour les personnes morales)	NOMBRE DE TITRES	NATURE DU MOUVEMENT (Préciser la date de l'AG)

BÉNÉFICIAIRES DES TITRES		CONTRÔLE DU CAPITAL			
Numéro de compte	Nom - Prénoms (ou dénomination sociale, numéro d'identification et siège pour les personnes morales)	Nombre de Titres (depuis la dernière mise à jour)			Comptes Individuels (mise à jour)
		Inscrits	Radiés	Nouveau Solde	Émargement
					Date Signature
					Date Signature
					Date Signature
					Date Signature
					Date Signature
					Date Signature
					Date Signature
					Date Signature

CÉDANTS DES TITRES			TITRES	
Date de l'opération	Numéro d'ordre Numéro de compte	Nom - Prénoms (ou dénomination sociale, numéro d'identification et siège pour les personnes morales)	NOMBRE DE TITRES	NATURE DU MOUVEMENT (Préciser la date de l'AG)

BÉNÉFICIAIRES DES TITRES		CONTRÔLE DU CAPITAL			
Numéro de compte	Nom - Prénoms (ou dénomination sociale, numéro d'identification et siège pour les personnes morales)	Nombre de Titres (depuis la dernière mise à jour)			Comptes Individuels (mise à jour)
		Inscrits	Radiés	Nouveau Solde	Émargement
					Date Signature
					Date Signature
					Date Signature
					Date Signature
					Date Signature
					Date Signature
					Date Signature
					Date Signature

CÉDANTS DES TITRES			TITRES	
Date de l'opération	Numéro d'ordre / Numéro de compte	Nom - Prénoms (ou dénomination sociale, numéro d'identification et siège pour les personnes morales)	NOMBRE DE TITRES	NATURE DU MOUVEMENT (Préciser la date de l'AG)

BÉNÉFICIAIRES DES TITRES		CONTRÔLE DU CAPITAL			
		Nombre de Titres (depuis la dernière mise à jour)			Comptes Individuels (mise à jour)
Numéro de compte	Nom - Prénoms (ou dénomination sociale, numéro d'identification et siège pour les personnes morales)	Inscrits	Radiés	Nouveau Solde	Émargement
					Date Signature
					Date Signature
					Date Signature
					Date Signature
					Date Signature
					Date Signature
					Date Signature
					Date Signature

CÉDANTS DES TITRES			TITRES	
Date de l'opération	Numéro d'ordre / Numéro de compte	Nom - Prénoms (ou dénomination sociale, numéro d'identification et siège pour les personnes morales)	NOMBRE DE TITRES	NATURE DU MOUVEMENT (Préciser la date de l'AG)

BÉNÉFICIAIRES DES TITRES		CONTRÔLE DU CAPITAL			
Numéro de compte	Nom - Prénoms (ou dénomination sociale, numéro d'identification et siège pour les personnes morales)	Nombre de Titres (depuis la dernière mise à jour)			Comptes Individuels (mise à jour)
		Inscrits	Radiés	Nouveau Solde	Émargement
					Date Signature
					Date Signature
					Date Signature
					Date Signature
					Date Signature
					Date Signature
					Date Signature
					Date Signature

CÉDANTS DES TITRES			TITRES	
Date de l'opération	Numéro d'ordre Numéro de compte	Nom - Prénoms (ou dénomination sociale, numéro d'identification et siège pour les personnes morales)	NOMBRE DE TITRES	NATURE DU MOUVEMENT (Préciser la date de l'AG)

BÉNÉFICIAIRES DES TITRES		CONTRÔLE DU CAPITAL			
Numéro de compte	Nom - Prénoms (ou dénomination sociale, numéro d'identification et siège pour les personnes morales)	Nombre de Titres (depuis la dernière mise à jour)			Comptes Individuels (mise à jour)
		Inscrits	Radiés	Nouveau Solde	Émargement
					Date Signature
					Date Signature
					Date Signature
					Date Signature
					Date Signature
					Date Signature
					Date Signature
					Date Signature

CÉDANTS DES TITRES			TITRES	
Date de l'opération	Numéro d'ordre Numéro de compte	Nom - Prénoms (ou dénomination sociale, numéro d'identification et siège pour les personnes morales)	NOMBRE DE TITRES	NATURE DU MOUVEMENT (Préciser la date de l'AG)

BÉNÉFICIAIRES DES TITRES		CONTRÔLE DU CAPITAL			
Numéro de compte	Nom - Prénoms (ou dénomination sociale, numéro d'identification et siège pour les personnes morales)	Nombre de Titres (depuis la dernière mise à jour)			Comptes Individuels (mise à jour)
		Inscrits	Radiés	Nouveau Solde	Émargement
					Date Signature
					Date Signature
					Date Signature
					Date Signature
					Date Signature
					Date Signature
					Date Signature
					Date Signature

CÉDANTS DES TITRES			TITRES	
Date de l'opération	Numéro d'ordre / Numéro de compte	Nom - Prénoms (ou dénomination sociale, numéro d'identification et siège pour les personnes morales)	NOMBRE DE TITRES	NATURE DU MOUVEMENT (Préciser la date de l'AG)

BÉNÉFICIAIRES DES TITRES		CONTRÔLE DU CAPITAL			
Numéro de compte	Nom - Prénoms (ou dénomination sociale, numéro d'identification et siège pour les personnes morales)	Nombre de Titres (depuis la dernière mise à jour)			Comptes Individuels (mise à jour)
		Inscrits	Radiés	Nouveau Solde	Émargement
					Date Signature
					Date Signature
					Date Signature
					Date Signature
					Date Signature
					Date Signature
					Date Signature
					Date Signature

CÉDANTS DES TITRES			TITRES	
Date de l'opération	Numéro d'ordre Numéro de compte	Nom - Prénoms (ou dénomination sociale, numéro d'identification et siège pour les personnes morales)	NOMBRE DE TITRES	NATURE DU MOUVEMENT (Préciser la date de l'AG)

BÉNÉFICIAIRES DES TITRES		CONTRÔLE DU CAPITAL			
Numéro de compte	Nom - Prénoms (ou dénomination sociale, numéro d'identification et siège pour les personnes morales)	Nombre de Titres (depuis la dernière mise à jour)			Comptes Individuels (mise à jour)
		Inscrits	Radiés	Nouveau Solde	Émargement
					Date Signature
					Date Signature
					Date Signature
					Date Signature
					Date Signature
					Date Signature
					Date Signature
					Date Signature

CÉDANTS DES TITRES			TITRES	
Date de l'opération	Numéro d'ordre Numéro de compte	Nom - Prénoms (ou dénomination sociale, numéro d'identification et siège pour les personnes morales)	NOMBRE DE TITRES	NATURE DU MOUVEMENT (Préciser la date de l'AG)

BÉNÉFICIAIRES DES TITRES		CONTRÔLE DU CAPITAL			
Numéro de compte	Nom - Prénoms (ou dénomination sociale, numéro d'identification et siège pour les personnes morales)	Nombre de Titres (depuis la dernière mise à jour)			Comptes Individuels (mise à jour)
		Inscrits	Radiés	Nouveau Solde	Émargement
					Date Signature
					Date Signature
					Date Signature
					Date Signature
					Date Signature
					Date Signature
					Date Signature
					Date Signature

CÉDANTS DES TITRES				TITRES	
Date de l'opération	Numéro d'ordre	Numéro de compte	Nom - Prénoms (ou dénomination sociale, numéro d'identification et siège pour les personnes morales)	NOMBRE DE TITRES	NATURE DU MOUVEMENT (Préciser la date de l'AG)

BÉNÉFICIAIRES DES TITRES		CONTRÔLE DU CAPITAL			
Numéro de compte	Nom - Prénoms (ou dénomination sociale, numéro d'identification et siège pour les personnes morales)	Nombre de Titres (depuis la dernière mise à jour)			Comptes Individuels (mise à jour)
		Inscrits	Radiés	Nouveau Solde	Émargement
					Date Signature
					Date Signature
					Date Signature
					Date Signature
					Date Signature
					Date Signature
					Date Signature
					Date Signature

CÉDANTS DES TITRES			TITRES	
Date de l'opération	Numéro d'ordre Numéro de compte	Nom - Prénoms (ou dénomination sociale, numéro d'identification et siège pour les personnes morales)	NOMBRE DE TITRES	NATURE DU MOUVEMENT (Préciser la date de l'AG)

BÉNÉFICIAIRES DES TITRES		CONTRÔLE DU CAPITAL			
Numéro de compte	Nom - Prénoms (ou dénomination sociale, numéro d'identification et siège pour les personnes morales)	Nombre de Titres (depuis la dernière mise à jour)			Comptes Individuels (mise à jour)
		Inscrits	Radiés	Nouveau Solde	Émargement
					Date Signature
					Date Signature
					Date Signature
					Date Signature
					Date Signature
					Date Signature
					Date Signature
					Date Signature

CÉDANTS DES TITRES			TITRES	
Date de l'opération	Numéro d'ordre Numéro de compte	Nom - Prénoms (ou dénomination sociale, numéro d'identification et siège pour les personnes morales)	NOMBRE DE TITRES	NATURE DU MOUVEMENT (Préciser la date de l'AG)

BÉNÉFICIAIRES DES TITRES		CONTRÔLE DU CAPITAL			
Numéro de compte	Nom - Prénoms (ou dénomination sociale, numéro d'identification et siège pour les personnes morales)	Nombre de Titres (depuis la dernière mise à jour)			Comptes Individuels (mise à jour)
		Inscrits	Radiés	Nouveau Solde	Émargement
					Date Signature
					Date Signature
					Date Signature
					Date Signature
					Date Signature
					Date Signature
					Date Signature
					Date Signature

CÉDANTS DES TITRES			TITRES	
Date de l'opération	Numéro d'ordre / Numéro de compte	Nom - Prénoms (ou dénomination sociale, numéro d'identification et siège pour les personnes morales)	NOMBRE DE TITRES	NATURE DU MOUVEMENT (Préciser la date de l'AG)

BÉNÉFICIAIRES DES TITRES		CONTRÔLE DU CAPITAL			
Numéro de compte	Nom - Prénoms (ou dénomination sociale, numéro d'identification et siège pour les personnes morales)	Nombre de Titres (depuis la dernière mise à jour)			Comptes Individuels (mise à jour)
		Inscrits	Radiés	Nouveau Solde	Émargement
					Date Signature
					Date Signature
					Date Signature
					Date Signature
					Date Signature
					Date Signature
					Date Signature
					Date Signature

CÉDANTS DES TITRES			TITRES	
Date de l'opération	Numéro d'ordre / Numéro de compte	Nom - Prénoms (ou dénomination sociale, numéro d'identification et siège pour les personnes morales)	NOMBRE DE TITRES	NATURE DU MOUVEMENT (Préciser la date de l'AG)

BÉNÉFICIAIRES DES TITRES		CONTRÔLE DU CAPITAL			
Numéro de compte	Nom - Prénoms (ou dénomination sociale, numéro d'identification et siège pour les personnes morales)	Nombre de Titres (depuis la dernière mise à jour)			Comptes Individuels (mise à jour)
		Inscrits	Radiés	Nouveau Solde	Émargement
					Date Signature
					Date Signature
					Date Signature
					Date Signature
					Date Signature
					Date Signature
					Date Signature
					Date Signature

CÉDANTS DES TITRES			TITRES	
Date de l'opération	Numéro d'ordre Numéro de compte	Nom - Prénoms (ou dénomination sociale, numéro d'identification et siège pour les personnes morales)	NOMBRE DE TITRES	NATURE DU MOUVEMENT (Préciser la date de l'AG)

BÉNÉFICIAIRES DES TITRES		CONTRÔLE DU CAPITAL			
Numéro de compte	Nom - Prénoms (ou dénomination sociale, numéro d'identification et siège pour les personnes morales)	Nombre de Titres (depuis la dernière mise à jour)			Comptes Individuels (mise à jour)
		Inscrits	Radiés	Nouveau Solde	Émargement
					Date Signature
					Date Signature
					Date Signature
					Date Signature
					Date Signature
					Date Signature
					Date Signature
					Date Signature

CÉDANTS DES TITRES			TITRES	
Date de l'opération	Numéro d'ordre / Numéro de compte	Nom - Prénoms (ou dénomination sociale, numéro d'identification et siège pour les personnes morales)	NOMBRE DE TITRES	NATURE DU MOUVEMENT (Préciser la date de l'AG)

BÉNÉFICIAIRES DES TITRES		CONTRÔLE DU CAPITAL			
		Nombre de Titres (depuis la dernière mise à jour)			Comptes Individuels (mise à jour)
Numéro de compte	Nom - Prénoms (ou dénomination sociale, numéro d'identification et siège pour les personnes morales)	Inscrits	Radiés	Nouveau Solde	Émargement
					Date Signature
					Date Signature
					Date Signature
					Date Signature
					Date Signature
					Date Signature
					Date Signature
					Date Signature

CÉDANTS DES TITRES			TITRES	
Date de l'opération	Numéro d'ordre Numéro de compte	Nom - Prénoms (ou dénomination sociale, numéro d'identification et siège pour les personnes morales)	NOMBRE DE TITRES	NATURE DU MOUVEMENT (Préciser la date de l'AG)

BÉNÉFICIAIRES DES TITRES		CONTRÔLE DU CAPITAL			
Numéro de compte	Nom - Prénoms (ou dénomination sociale, numéro d'identification et siège pour les personnes morales)	Nombre de Titres (depuis la dernière mise à jour)			Comptes Individuels (mise à jour)
		Inscrits	Radiés	Nouveau Solde	Émargement
					Date Signature
					Date Signature
					Date Signature
					Date Signature
					Date Signature
					Date Signature
					Date Signature
					Date Signature

CÉDANTS DES TITRES			TITRES	
Date de l'opération	Numéro d'ordre / Numéro de compte	Nom - Prénoms (ou dénomination sociale, numéro d'identification et siège pour les personnes morales)	NOMBRE DE TITRES	NATURE DU MOUVEMENT (Préciser la date de l'AG)

BÉNÉFICIAIRES DES TITRES		CONTRÔLE DU CAPITAL			
Numéro de compte	Nom - Prénoms (ou dénomination sociale, numéro d'identification et siège pour les personnes morales)	Nombre de Titres (depuis la dernière mise à jour)			Comptes Individuels (mise à jour)
		Inscrits	Radiés	Nouveau Solde	Émargement
					Date Signature
					Date Signature
					Date Signature
					Date Signature
					Date Signature
					Date Signature
					Date Signature
					Date Signature

CÉDANTS DES TITRES			TITRES	
Date de l'opération	Numéro d'ordre Numéro de compte	Nom - Prénoms (ou dénomination sociale, numéro d'identification et siège pour les personnes morales)	NOMBRE DE TITRES	NATURE DU MOUVEMENT (Préciser la date de l'AG)

BÉNÉFICIAIRES DES TITRES		CONTRÔLE DU CAPITAL			
Numéro de compte	Nom - Prénoms (ou dénomination sociale, numéro d'identification et siège pour les personnes morales)	Nombre de Titres (depuis la dernière mise à jour)			Comptes Individuels (mise à jour)
		Inscrits	Radiés	Nouveau Solde	Émargement
					Date Signature
					Date Signature
					Date Signature
					Date Signature
					Date Signature
					Date Signature
					Date Signature
					Date Signature

CÉDANTS DES TITRES			TITRES	
Date de l'opération	Numéro d'ordre / Numéro de compte	Nom - Prénoms (ou dénomination sociale, numéro d'identification et siège pour les personnes morales)	NOMBRE DE TITRES	NATURE DU MOUVEMENT (Préciser la date de l'AG)

BÉNÉFICIAIRES DES TITRES		CONTRÔLE DU CAPITAL			
Numéro de compte	Nom - Prénoms (ou dénomination sociale, numéro d'identification et siège pour les personnes morales)	Nombre de Titres (depuis la dernière mise à jour)			Comptes Individuels (mise à jour)
		Inscrits	Radiés	Nouveau Solde	Émargement
					Date Signature
					Date Signature
					Date Signature
					Date Signature
					Date Signature
					Date Signature
					Date Signature
					Date Signature

CÉDANTS DES TITRES			TITRES	
Date de l'opération	Numéro d'ordre Numéro de compte	Nom - Prénoms (ou dénomination sociale, numéro d'identification et siège pour les personnes morales)	NOMBRE DE TITRES	NATURE DU MOUVEMENT (Préciser la date de l'AG)

BÉNÉFICIAIRES DES TITRES		CONTRÔLE DU CAPITAL			
Numéro de compte	Nom - Prénoms (ou dénomination sociale, numéro d'identification et siège pour les personnes morales)	Nombre de Titres (depuis la dernière mise à jour)			Comptes Individuels (mise à jour)
		Inscrits	Radiés	Nouveau Solde	Émargement
					Date Signature
					Date Signature
					Date Signature
					Date Signature
					Date Signature
					Date Signature
					Date Signature
					Date Signature

CÉDANTS DES TITRES			TITRES	
Date de l'opération	Numéro d'ordre Numéro de compte	Nom - Prénoms (ou dénomination sociale, numéro d'identification et siège pour les personnes morales)	NOMBRE DE TITRES	NATURE DU MOUVEMENT (Préciser la date de l'AG)

BÉNÉFICIAIRES DES TITRES		CONTRÔLE DU CAPITAL			
Numéro de compte	Nom - Prénoms (ou dénomination sociale, numéro d'identification et siège pour les personnes morales)	Nombre de Titres (depuis la dernière mise à jour)			Comptes Individuels (mise à jour)
		Inscrits	Radiés	Nouveau Solde	Émargement
					Date Signature
					Date Signature
					Date Signature
					Date Signature
					Date Signature
					Date Signature
					Date Signature
					Date Signature

CÉDANTS DES TITRES			TITRES	
Date de l'opération	Numéro d'ordre / Numéro de compte	Nom - Prénoms (ou dénomination sociale, numéro d'identification et siège pour les personnes morales)	NOMBRE DE TITRES	NATURE DU MOUVEMENT (Préciser la date de l'AG)

BÉNÉFICIAIRES DES TITRES		CONTRÔLE DU CAPITAL			
Numéro de compte	Nom - Prénoms (ou dénomination sociale, numéro d'identification et siège pour les personnes morales)	Nombre de Titres (depuis la dernière mise à jour)			Comptes Individuels (mise à jour)
		Inscrits	Radiés	Nouveau Solde	Émargement
					Date Signature
					Date Signature
					Date Signature
					Date Signature
					Date Signature
					Date Signature
					Date Signature
					Date Signature

CÉDANTS DES TITRES			TITRES	
Date de l'opération	Numéro d'ordre Numéro de compte	Nom - Prénoms (ou dénomination sociale, numéro d'identification et siège pour les personnes morales)	NOMBRE DE TITRES	NATURE DU MOUVEMENT (Préciser la date de l'AG)

BÉNÉFICIAIRES DES TITRES		CONTRÔLE DU CAPITAL			
Numéro de compte	Nom - Prénoms (ou dénomination sociale, numéro d'identification et siège pour les personnes morales)	Nombre de Titres (depuis la dernière mise à jour)			Comptes Individuels (mise à jour)
		Inscrits	Radiés	Nouveau Solde	Émargement
					Date Signature
					Date Signature
					Date Signature
					Date Signature
					Date Signature
					Date Signature
					Date Signature
					Date Signature

CÉDANTS DES TITRES			TITRES	
Date de l'opération	Numéro d'ordre / Numéro de compte	Nom - Prénoms (ou dénomination sociale, numéro d'identification et siège pour les personnes morales)	NOMBRE DE TITRES	NATURE DU MOUVEMENT (Préciser la date de l'AG)

BÉNÉFICIAIRES DES TITRES		CONTRÔLE DU CAPITAL			
Numéro de compte	Nom - Prénoms (ou dénomination sociale, numéro d'identification et siège pour les personnes morales)	Nombre de Titres (depuis la dernière mise à jour)			Comptes Individuels (mise à jour)
		Inscrits	Radiés	Nouveau Solde	Émargement
					Date Signature
					Date Signature
					Date Signature
					Date Signature
					Date Signature
					Date Signature
					Date Signature
					Date Signature

CÉDANTS DES TITRES			TITRES	
Date de l'opération	Numéro d'ordre Numéro de compte	Nom - Prénoms (ou dénomination sociale, numéro d'identification et siège pour les personnes morales)	NOMBRE DE TITRES	NATURE DU MOUVEMENT (Préciser la date de l'AG)

BÉNÉFICIAIRES DES TITRES		CONTRÔLE DU CAPITAL			
		Nombre de Titres (depuis la dernière mise à jour)			Comptes Individuels (mise à jour)
Numéro de compte	Nom - Prénoms (ou dénomination sociale, numéro d'identification et siège pour les personnes morales)	Inscrits	Radiés	Nouveau Solde	Émargement
					Date Signature
					Date Signature
					Date Signature
					Date Signature
					Date Signature
					Date Signature
					Date Signature
					Date Signature

CÉDANTS DES TITRES			TITRES	
Date de l'opération	Numéro d'ordre / Numéro de compte	Nom - Prénoms (ou dénomination sociale, numéro d'identification et siège pour les personnes morales)	NOMBRE DE TITRES	NATURE DU MOUVEMENT (Préciser la date de l'AG)

BÉNÉFICIAIRES DES TITRES		CONTRÔLE DU CAPITAL			
Numéro de compte	Nom - Prénoms (ou dénomination sociale, numéro d'identification et siège pour les personnes morales)	Nombre de Titres (depuis la dernière mise à jour)			Comptes Individuels (mise à jour)
		Inscrits	Radiés	Nouveau Solde	Émargement
					Date Signature
					Date Signature
					Date Signature
					Date Signature
					Date Signature
					Date Signature
					Date Signature
					Date Signature

CÉDANTS DES TITRES			TITRES	
Date de l'opération	Numéro d'ordre Numéro de compte	Nom - Prénoms (ou dénomination sociale, numéro d'identification et siège pour les personnes morales)	NOMBRE DE TITRES	NATURE DU MOUVEMENT (Préciser la date de l'AG)

BÉNÉFICIAIRES DES TITRES		CONTRÔLE DU CAPITAL			
Numéro de compte	Nom - Prénoms (ou dénomination sociale, numéro d'identification et siège pour les personnes morales)	Nombre de Titres (depuis la dernière mise à jour)			Comptes Individuels (mise à jour)
		Inscrits	Radiés	Nouveau Solde	Émargement
					Date Signature
					Date Signature
					Date Signature
					Date Signature
					Date Signature
					Date Signature
					Date Signature
					Date Signature

CÉDANTS DES TITRES			TITRES	
Date de l'opération	Numéro d'ordre Numéro de compte	Nom - Prénoms (ou dénomination sociale, numéro d'identification et siège pour les personnes morales)	NOMBRE DE TITRES	NATURE DU MOUVEMENT (Préciser la date de l'AG)

BÉNÉFICIAIRES DES TITRES		CONTRÔLE DU CAPITAL			
Numéro de compte	Nom - Prénoms (ou dénomination sociale, numéro d'identification et siège pour les personnes morales)	Nombre de Titres (depuis la dernière mise à jour)			Comptes Individuels (mise à jour)
		Inscrits	Radiés	Nouveau Solde	Émargement
					Date Signature
					Date Signature
					Date Signature
					Date Signature
					Date Signature
					Date Signature
					Date Signature
					Date Signature

CÉDANTS DES TITRES			TITRES	
Date de l'opération	Numéro d'ordre Numéro de compte	Nom - Prénoms (ou dénomination sociale, numéro d'identification et siège pour les personnes morales)	NOMBRE DE TITRES	NATURE DU MOUVEMENT (Préciser la date de l'AG)

BÉNÉFICIAIRES DES TITRES		CONTRÔLE DU CAPITAL			
Numéro de compte	Nom - Prénoms (ou dénomination sociale, numéro d'identification et siège pour les personnes morales)	Nombre de Titres (depuis la dernière mise à jour)			Comptes Individuels (mise à jour)
		Inscrits	Radiés	Nouveau Solde	Émargement
					Date Signature
					Date Signature
					Date Signature
					Date Signature
					Date Signature
					Date Signature
					Date Signature
					Date Signature

CÉDANTS DES TITRES			TITRES	
Date de l'opération	Numéro d'ordre / Numéro de compte	Nom - Prénoms (ou dénomination sociale, numéro d'identification et siège pour les personnes morales)	NOMBRE DE TITRES	NATURE DU MOUVEMENT (Préciser la date de l'AG)

BÉNÉFICIAIRES DES TITRES		CONTRÔLE DU CAPITAL			
Numéro de compte	Nom - Prénoms (ou dénomination sociale, numéro d'identification et siège pour les personnes morales)	Nombre de Titres (depuis la dernière mise à jour)			Comptes Individuels (mise à jour)
		Inscrits	Radiés	Nouveau Solde	Émargement
					Date Signature
					Date Signature
					Date Signature
					Date Signature
					Date Signature
					Date Signature
					Date Signature
					Date Signature

CÉDANTS DES TITRES			TITRES	
Date de l'opération	Numéro d'ordre Numéro de compte	Nom - Prénoms (ou dénomination sociale, numéro d'identification et siège pour les personnes morales)	NOMBRE DE TITRES	NATURE DU MOUVEMENT (Préciser la date de l'AG)

BÉNÉFICIAIRES DES TITRES		CONTRÔLE DU CAPITAL			
Numéro de compte	Nom - Prénoms (ou dénomination sociale, numéro d'identification et siège pour les personnes morales)	Nombre de Titres (depuis la dernière mise à jour)			Comptes Individuels (mise à jour)
		Inscrits	Radiés	Nouveau Solde	Émargement
					Date Signature
					Date Signature
					Date Signature
					Date Signature
					Date Signature
					Date Signature
					Date Signature
					Date Signature

CÉDANTS DES TITRES			TITRES	
Date de l'opération	Numéro d'ordre / Numéro de compte	Nom - Prénoms (ou dénomination sociale, numéro d'identification et siège pour les personnes morales)	NOMBRE DE TITRES	NATURE DU MOUVEMENT (Préciser la date de l'AG)

BÉNÉFICIAIRES DES TITRES		CONTRÔLE DU CAPITAL			
Numéro de compte	Nom - Prénoms (ou dénomination sociale, numéro d'identification et siège pour les personnes morales)	Nombre de Titres (depuis la dernière mise à jour)			Comptes Individuels (mise à jour)
		Inscrits	Radiés	Nouveau Solde	Émargement
					Date Signature
					Date Signature
					Date Signature
					Date Signature
					Date Signature
					Date Signature
					Date Signature
					Date Signature

CÉDANTS DES TITRES			TITRES	
Date de l'opération	Numéro d'ordre / Numéro de compte	Nom - Prénoms (ou dénomination sociale, numéro d'identification et siège pour les personnes morales)	NOMBRE DE TITRES	NATURE DU MOUVEMENT (Préciser la date de l'AG)

BÉNÉFICIAIRES DES TITRES		CONTRÔLE DU CAPITAL			
Numéro de compte	Nom - Prénoms (ou dénomination sociale, numéro d'identification et siège pour les personnes morales)	Nombre de Titres (depuis la dernière mise à jour)			Comptes Individuels (mise à jour)
		Inscrits	Radiés	Nouveau Solde	Émargement
					Date Signature
					Date Signature
					Date Signature
					Date Signature
					Date Signature
					Date Signature
					Date Signature
					Date Signature

CÉDANTS DES TITRES			TITRES	
Date de l'opération	Numéro d'ordre Numéro de compte	Nom - Prénoms (ou dénomination sociale, numéro d'identification et siège pour les personnes morales)	NOMBRE DE TITRES	NATURE DU MOUVEMENT (Préciser la date de l'AG)

BÉNÉFICIAIRES DES TITRES		CONTRÔLE DU CAPITAL			
		Nombre de Titres (depuis la dernière mise à jour)			Comptes Individuels (mise à jour)
Numéro de compte	Nom - Prénoms (ou dénomination sociale, numéro d'identification et siège pour les personnes morales)	Inscrits	Radiés	Nouveau Solde	Émargement
					Date Signature
					Date Signature
					Date Signature
					Date Signature
					Date Signature
					Date Signature
					Date Signature
					Date Signature

CÉDANTS DES TITRES			TITRES	
Date de l'opération	Numéro d'ordre Numéro de compte	Nom - Prénoms (ou dénomination sociale, numéro d'identification et siège pour les personnes morales)	NOMBRE DE TITRES	NATURE DU MOUVEMENT (Préciser la date de l'AG)

BÉNÉFICIAIRES DES TITRES		CONTRÔLE DU CAPITAL			
Numéro de compte	Nom - Prénoms (ou dénomination sociale, numéro d'identification et siège pour les personnes morales)	Nombre de Titres (depuis la dernière mise à jour)			Comptes Individuels (mise à jour)
		Inscrits	Radiés	Nouveau Solde	Émargement
					Date Signature
					Date Signature
					Date Signature
					Date Signature
					Date Signature
					Date Signature
					Date Signature
					Date Signature

CÉDANTS DES TITRES			TITRES	
Date de l'opération	Numéro d'ordre / Numéro de compte	Nom - Prénoms (ou dénomination sociale, numéro d'identification et siège pour les personnes morales)	NOMBRE DE TITRES	NATURE DU MOUVEMENT (Préciser la date de l'AG)

BÉNÉFICIAIRES DES TITRES		CONTRÔLE DU CAPITAL			
Numéro de compte	Nom - Prénoms (ou dénomination sociale, numéro d'identification et siège pour les personnes morales)	Nombre de Titres (depuis la dernière mise à jour)			Comptes Individuels (mise à jour)
		Inscrits	Radiés	Nouveau Solde	Émargement
					Date Signature
					Date Signature
					Date Signature
					Date Signature
					Date Signature
					Date Signature
					Date Signature
					Date Signature

CÉDANTS DES TITRES			TITRES	
Date de l'opération	Numéro d'ordre / Numéro de compte	Nom - Prénoms (ou dénomination sociale, numéro d'identification et siège pour les personnes morales)	NOMBRE DE TITRES	NATURE DU MOUVEMENT (Préciser la date de l'AG)

BÉNÉFICIAIRES DES TITRES		CONTRÔLE DU CAPITAL			
Numéro de compte	Nom - Prénoms (ou dénomination sociale, numéro d'identification et siège pour les personnes morales)	Nombre de Titres (depuis la dernière mise à jour)			Comptes Individuels (mise à jour)
		Inscrits	Radiés	Nouveau Solde	Émargement
					Date Signature
					Date Signature
					Date Signature
					Date Signature
					Date Signature
					Date Signature
					Date Signature
					Date Signature

CÉDANTS DES TITRES			TITRES	
Date de l'opération	Numéro d'ordre Numéro de compte	Nom - Prénoms (ou dénomination sociale, numéro d'identification et siège pour les personnes morales)	NOMBRE DE TITRES	NATURE DU MOUVEMENT (Préciser la date de l'AG)

BÉNÉFICIAIRES DES TITRES		CONTRÔLE DU CAPITAL			
Numéro de compte	Nom - Prénoms (ou dénomination sociale, numéro d'identification et siège pour les personnes morales)	Nombre de Titres (depuis la dernière mise à jour)			Comptes Individuels (mise à jour)
		Inscrits	Radiés	Nouveau Solde	Émargement
					Date Signature
					Date Signature
					Date Signature
					Date Signature
					Date Signature
					Date Signature
					Date Signature
					Date Signature

CÉDANTS DES TITRES			TITRES	
Date de l'opération	Numéro d'ordre / Numéro de compte	Nom - Prénoms (ou dénomination sociale, numéro d'identification et siège pour les personnes morales)	NOMBRE DE TITRES	NATURE DU MOUVEMENT (Préciser la date de l'AG)

BÉNÉFICIAIRES DES TITRES		CONTRÔLE DU CAPITAL			
Numéro de compte	Nom - Prénoms (ou dénomination sociale, numéro d'identification et siège pour les personnes morales)	Nombre de Titres (depuis la dernière mise à jour)			Comptes Individuels (mise à jour)
		Inscrits	Radiés	Nouveau Solde	Émargement
					Date Signature
					Date Signature
					Date Signature
					Date Signature
					Date Signature
					Date Signature
					Date Signature
					Date Signature

REGISTROMÉDIA ÉDITIONS

FICHES DE COMPTE D'ACTIONNAIRE

Conforme aux obligations légales des **SA** et **SAS**

INFORMATIONS COMPLÉMENTAIRES

REGISTROMÉDIA ÉDITIONS

IDENTITÉ DE LA SOCIÉTÉ

IDENTITÉ DU TITULAIRE

Nom
Prénoms

Adresse postale

Domicile fiscal

COMPTE D 'ACTIONNAIRE

NOMINATIF PUR ☐ | NOMINATIF ADMINISTRÉ ☐ | NUMÉRO D'ORDRE

OPÉRATIONS			NOMBRE DE TITRES			OBSERVATIONS
N°	DATE	NATURE	ACQUIS	RADIÉS	SOLDE	

IDENTITÉ DE LA SOCIÉTÉ

IDENTITÉ DU TITULAIRE

Nom
Prénoms

Adresse postale

Domicile fiscal

COMPTE D'ACTIONNAIRE

NOMINATIF PUR ☐ | NOMINATIF ADMINISTRÉ ☐ | NUMÉRO D'ORDRE

OPÉRATIONS			NOMBRE DE TITRES			OBSERVATIONS
N°	DATE	NATURE	ACQUIS	RADIÉS	SOLDE	

IDENTITÉ DE LA SOCIÉTÉ

IDENTITÉ DU TITULAIRE

Nom
Prénoms

Adresse postale

Domicile fiscal

COMPTE D 'ACTIONNAIRE

NOMINATIF PUR ☐ NOMINATIF ADMINISTRÉ ☐ NUMÉRO D'ORDRE

OPÉRATIONS			NOMBRE DE TITRES			OBSERVATIONS
N°	DATE	NATURE	ACQUIS	RADIÉS	SOLDE	

IDENTITÉ DE LA SOCIÉTÉ

IDENTITÉ DU TITULAIRE

Nom
Prénoms

Adresse postale

Domicile fiscal

COMPTE D 'ACTIONNAIRE

NOMINATIF PUR ☐ | NOMINATIF ADMINISTRÉ ☐ | NUMÉRO D'ORDRE

OPÉRATIONS			NOMBRE DE TITRES			OBSERVATIONS
N°	DATE	NATURE	ACQUIS	RADIÉS	SOLDE	

IDENTITÉ DE LA SOCIÉTÉ

IDENTITÉ DU TITULAIRE

Nom
Prénoms

Adresse postale

Domicile fiscal

COMPTE D 'ACTIONNAIRE

NOMINATIF PUR ☐ NOMINATIF ADMINISTRÉ ☐ NUMÉRO D'ORDRE

OPÉRATIONS			NOMBRE DE TITRES			OBSERVATIONS
N°	DATE	NATURE	ACQUIS	RADIÉS	SOLDE	

IDENTITÉ DE LA SOCIÉTÉ

IDENTITÉ DU TITULAIRE

Nom
Prénoms

Adresse postale

Domicile fiscal

COMPTE D 'ACTIONNAIRE

NOMINATIF PUR ☐ NOMINATIF ADMINISTRÉ ☐ NUMÉRO D'ORDRE

OPÉRATIONS			NOMBRE DE TITRES			OBSERVATIONS
N°	DATE	NATURE	ACQUIS	RADIÉS	SOLDE	

IDENTITÉ DE LA SOCIÉTÉ

IDENTITÉ DU TITULAIRE

Nom
Prénoms

Adresse postale

Domicile fiscal

COMPTE D 'ACTIONNAIRE

NOMINATIF PUR ☐ NOMINATIF ADMINISTRÉ ☐ NUMÉRO D'ORDRE

OPÉRATIONS			NOMBRE DE TITRES			OBSERVATIONS
N°	DATE	NATURE	ACQUIS	RADIÉS	SOLDE	

IDENTITÉ DE LA SOCIÉTÉ

IDENTITÉ DU TITULAIRE

Nom
Prénoms

Adresse postale

Domicile fiscal

COMPTE D 'ACTIONNAIRE

NOMINATIF PUR ☐ NOMINATIF ADMINISTRÉ ☐ NUMÉRO D'ORDRE

OPÉRATIONS			NOMBRE DE TITRES			OBSERVATIONS
N°	DATE	NATURE	ACQUIS	RADIÉS	SOLDE	

IDENTITÉ DE LA SOCIÉTÉ

IDENTITÉ DU TITULAIRE

Nom
Prénoms

Adresse postale

Domicile fiscal

COMPTE D 'ACTIONNAIRE

NOMINATIF PUR ☐ | NOMINATIF ADMINISTRÉ ☐ | NUMÉRO D'ORDRE

OPÉRATIONS			NOMBRE DE TITRES			OBSERVATIONS
N°	DATE	NATURE	ACQUIS	RADIÉS	SOLDE	

IDENTITÉ DE LA SOCIÉTÉ

IDENTITÉ DU TITULAIRE

Nom
Prénoms

Adresse postale

Domicile fiscal

COMPTE D 'ACTIONNAIRE

NOMINATIF PUR ☐ NOMINATIF ADMINISTRÉ ☐ NUMÉRO D'ORDRE

OPÉRATIONS			NOMBRE DE TITRES			OBSERVATIONS
N°	DATE	NATURE	ACQUIS	RADIÉS	SOLDE	

IDENTITÉ DE LA SOCIÉTÉ

IDENTITÉ DU TITULAIRE

Nom
Prénoms

Adresse postale

Domicile fiscal

COMPTE D 'ACTIONNAIRE

NOMINATIF PUR ☐ NOMINATIF ADMINISTRÉ ☐ NUMÉRO D'ORDRE

OPÉRATIONS			NOMBRE DE TITRES			OBSERVATIONS
N°	DATE	NATURE	ACQUIS	RADIÉS	SOLDE	

IDENTITÉ DE LA SOCIÉTÉ

IDENTITÉ DU TITULAIRE

Nom
Prénoms

Adresse postale

Domicile fiscal

COMPTE D'ACTIONNAIRE

NOMINATIF PUR ☐ NOMINATIF ADMINISTRÉ ☐ NUMÉRO D'ORDRE

OPÉRATIONS			NOMBRE DE TITRES			OBSERVATIONS
N°	DATE	NATURE	ACQUIS	RADIÉS	SOLDE	

IDENTITÉ DE LA SOCIÉTÉ

IDENTITÉ DU TITULAIRE

Nom
Prénoms

Adresse postale

Domicile fiscal

COMPTE D 'ACTIONNAIRE

NOMINATIF PUR ☐ NOMINATIF ADMINISTRÉ ☐

NUMÉRO D'ORDRE

OPÉRATIONS			NOMBRE DE TITRES			OBSERVATIONS
N°	DATE	NATURE	ACQUIS	RADIÉS	SOLDE	

IDENTITÉ DE LA SOCIÉTÉ

IDENTITÉ DU TITULAIRE

Nom
Prénoms

Adresse postale

Domicile fiscal

COMPTE D 'ACTIONNAIRE

NOMINATIF PUR ☐ NOMINATIF ADMINISTRÉ ☐ NUMÉRO D'ORDRE

OPÉRATIONS			NOMBRE DE TITRES			OBSERVATIONS
N°	DATE	NATURE	ACQUIS	RADIÉS	SOLDE	

IDENTITÉ DE LA SOCIÉTÉ

IDENTITÉ DU TITULAIRE

Nom
Prénoms

Adresse postale

Domicile fiscal

COMPTE D 'ACTIONNAIRE

NOMINATIF PUR ☐ NOMINATIF ADMINISTRÉ ☐ NUMÉRO D'ORDRE

OPÉRATIONS			NOMBRE DE TITRES			OBSERVATIONS
N°	DATE	NATURE	ACQUIS	RADIÉS	SOLDE	

IDENTITÉ DE LA SOCIÉTÉ

IDENTITÉ DU TITULAIRE

Nom
Prénoms

Adresse postale

Domicile fiscal

COMPTE D 'ACTIONNAIRE

NOMINATIF PUR ☐ | NOMINATIF ADMINISTRÉ ☐ | NUMÉRO D'ORDRE

OPÉRATIONS			NOMBRE DE TITRES			OBSERVATIONS
N°	DATE	NATURE	ACQUIS	RADIÉS	SOLDE	

IDENTITÉ DE LA SOCIÉTÉ

IDENTITÉ DU TITULAIRE

Nom
Prénoms

Adresse postale

Domicile fiscal

COMPTE D 'ACTIONNAIRE

NOMINATIF PUR ☐ NOMINATIF ADMINISTRÉ ☐ NUMÉRO D'ORDRE

OPÉRATIONS			NOMBRE DE TITRES			OBSERVATIONS
N°	DATE	NATURE	ACQUIS	RADIÉS	SOLDE	

IDENTITÉ DE LA SOCIÉTÉ

IDENTITÉ DU TITULAIRE

Nom
Prénoms

Adresse postale

Domicile fiscal

COMPTE D 'ACTIONNAIRE

NOMINATIF PUR ☐ NOMINATIF ADMINISTRÉ ☐ NUMÉRO D'ORDRE

OPÉRATIONS			NOMBRE DE TITRES			OBSERVATIONS
N°	DATE	NATURE	ACQUIS	RADIÉS	SOLDE	

IDENTITÉ DE LA SOCIÉTÉ

IDENTITÉ DU TITULAIRE

Nom
Prénoms

Adresse postale

Domicile fiscal

COMPTE D 'ACTIONNAIRE

NOMINATIF PUR ☐ NOMINATIF ADMINISTRÉ ☐

NUMÉRO D'ORDRE

OPÉRATIONS			NOMBRE DE TITRES			OBSERVATIONS
N°	DATE	NATURE	ACQUIS	RADIÉS	SOLDE	

IDENTITÉ DE LA SOCIÉTÉ

IDENTITÉ DU TITULAIRE

Nom
Prénoms

Adresse postale

Domicile fiscal

COMPTE D 'ACTIONNAIRE

NOMINATIF PUR ☐ NOMINATIF ADMINISTRÉ ☐ NUMÉRO D'ORDRE

OPÉRATIONS			NOMBRE DE TITRES			OBSERVATIONS
N°	DATE	NATURE	ACQUIS	RADIÉS	SOLDE	

Printed in France by Amazon
Brétigny-sur-Orge, FR

13074905R00076